flüge machen und den nächsten Urlaub buchen. Wir rechnen mit einer Wirtschaftsflaute oder mit einer stabilen Währung. Wir rechnen mit steigenden Benzinpreisen, rechnen mit dem Abbau der Arbeitslosigkeit. Wir rechnen mit so vielem …

Wir sind Menschen dieser Erde, wir sind Realisten. Der Himmel kommt erst später. Also wenden wir uns dem irdischen Alltag zu. Wie können wir also damit rechnen, dass der Himmel eventuell Interesse hätte, uns zu begegnen, jetzt schon, nicht erst später … Wir rechnen mit so vielen Dingen, aber dass uns ein Engel begegnen könnte, einfach so, mitten im Alltag, nein, damit rechnen wir in der Regel nicht …

Sabine Heuser

Zeit der Engel

In Zeiten wie diesen sind sie uns scheinbar näher –
meist vergessen, die Engel, so über das Jahr.
Doch wenn wir zurückblicken, wissen wir plötzlich,
dass sie immer da waren
und nie von unserer Seite gewichen sind.
Sie träumen sich leis' in unser Denken
und unser Bewusstsein, sind immer da.
Wer sieht schon Engel? – Kinder vielleicht.
Wer sind sie? Woran zu erkennen? Sind unsichtbar?
Nicht Flügel, nicht Licht, nicht weißes Kleid!
Ein Lächeln, ein Ratschlag, sind Gesten nur,
Hilfe, Vertrauen, ein offenes Ohr.
So sind sie, die Engel – sind einfach da.
In der Ferne ruft gerade ein Kind:
„Hey! Don't stop watching me!"

Silvia Droste-Lohmann

Auf Engelwegen

Mitten im Advent
auf verschneiten Wegen
kam mir ein Engel entgegen
ein Engel in Menschengestalt

ich hatte mich verirrt im Wald
und wusste nicht weiter
da wurde der Engel
mir zum Begleiter

führt' mich heraus aus dem Dunkel
in lichtes Sternengefunkel

Eva-Maria Leiber

Advent

Nur eine Kerze
ein Zweig Tannengrün
ein schrumpliger Apfel
und vielleicht
nicht einmal das
braucht es
um Advent
einkehren zu lassen

Der Weihnachtsengel
ist immer da

Carola Vahldiek

Manchmal bringt das Christkind Gummistiefel

Wie an jedem Werktag waren auch an diesem Nachmittag im Advent die Abteile der S-Bahn übervoll mit Menschen jeden Alters. Draußen herrschte nasskaltes Dezemberwetter, aber hier drinnen war es feuchtwarm. Es roch nach Menschen, nasser Kleidung, Hustenbonbons und aus manchen der vielen Einkaufstüten auch ein bisschen nach Weihnachten. Wer einen Sitzplatz ergattern konnte, war glücklich, döste vor sich hin oder beobachtete, was die Menschen so taten. Jiri saß auf dem Schoß seiner Mutter und war gar nicht müde, obwohl sie stundenlang in der Einkaufsstraße unterwegs gewesen waren. Es gab so viel zu sehen und zu hören! Zum Beispiel der junge Mann ihm gegenüber: Fortwährend spielte er mit seinem Telefon, probierte neue Klingeltöne aus und sah sich Videos an. Manchmal lachte er laut auf, tippte mit dem Daumen Botschaften ein und wartete auf die Antwort, während er sich gespannt auf die Unterlippe biss. Jiris Blicke wanderten weiter. Neben dem jungen Mann saß ein alter mit Glatze, auf der sich die Innenbeleuchtung der S-Bahn spiegelte. Der Mann hatte einen Gehstock zwischen die Knie geklemmt. Beide Hände lagen übereinander auf dem gebogenen Knauf. Er schien eingeschlafen zu sein. Ein sanftes Lächeln ließ sein Gesicht ganz friedlich aussehen. Gerade jetzt allerdings ratterte die S-Bahn durch

einen Tunnel, dessen Lichter an den be-
schlagenen Fenstern vorbeiflitzten. Der
Mann schreckte auf. Er öffnete die Augen – und blickte geradewegs in die von
Jiri. Eine steile Falte schob seine grauen
Augenbrauen zusammen, und das Lächeln verschwand hinter misstrauischen
Blicken. Schade, dachte Jiri.
Er hat fast so schön gelächelt wie Groß-
vater. Jiri und er waren ein Herz und eine
Seele gewesen. Er vermisste ihn, ja, der
Schmerz um ihn war plötzlich wieder
ganz nahe und machte, dass er schlu-
cken musste. Jiri spürte Tränen in seinen Augen. Trotzdem sah er nicht weg,
sondern probierte ein zaghaftes Lächeln.
Doch der Mann hatte die Augen bereits
wieder geschlossen. Jiri zog seine Hand-
schuhe aus und rieb sich die Augen tro-
cken. Einer fiel dabei zu Boden, und als
Jiri vom Schoß der Mutter glitt, um ihn
aufzuheben, sah er zu seinem Erstau-
nen, dass der Alte Sandalen trug. Sandalen! Im Winter? Jiri blickte noch genauer

hin. Die Jacke des Mannes war alt und schäbig. Und im Gepäcknetz über ihm lag ein kleiner brauner Lederkoffer mit altmodischen Schnappverschlüssen. Wo er wohl herkam und wohin er wollte? In diesem Moment näherte sich der Fahrkartenkontrolleur. Als er vor dem alten Mann stand, schüttelte er ratlos den Kopf. „Der fährt schon den ganzen Tag hin und her", sagte er leise zu Jiris Mutter, „weiß wohl selbst nicht so recht, wohin die Reise gehen soll! Aber immerhin ist es warm hier drin, und er belästigt ja auch niemand!" Jiris Mutter nickte zustimmend. Als der Kontrolleur weg war, deutete Jiri stumm auf die Füße des Mannes. Dann flüsterte er der Mutter etwas ins Ohr und sie, die eben noch ganz fassungslos und traurig dreingeblickt hatte, nahm seinen Kopf in beide Hände und küsste ihn auf die Wange. „Ja, Jiri, eine gute Idee", hieß das!

Zwei Stationen weiter leerte sich allmählich das Abteil. Zum Schluss waren der junge Mann, eine achtköpfige japanische Reisegruppe, Jiri mit Mutter und der alte Mann die einzigen Fahrgäste. Da stand Jiri auf. Er legte den linken Zeigefinger auf den Mund und hob gleichzeitig den rechten Arm empor. Bis auf die monotonen Fahrgeräusche der Bahn wurde es plötzlich ganz still. Das Stimmengewirr der Japaner verstummte ebenso selbstverständlich wie das Telefon des jungen Mannes, als Jiri zum Fenster ging und einen schönen Weihnachtsbaum darauf malte. Neben den Baum malte er einen ziemlich kleinen lächelnden Engel und ein großes Paket. Das war durchsichtig, und man konnte sehen, dass sich Stiefel darin befanden. Wasserdichte, mollig warm gefütterte Gummistiefel. Dann schob Jiris Mutter eine große Tüte vorsichtig zu dem alten Mann hin. Als sie und Jiri an der nächsten Station ausstiegen, nickten ihnen alle Japaner freundlich zu, ja, sie verbeugten sich fast vor Jiri und seiner Mutter. Und der junge Mann tippte folgende SMS in sein Telefon: „Du glaubst es nicht, was eben hier abging! Habe mitten in der S-Bahn das Christkind gesehen. Ehrlich! Es war ein kleiner Junge mit Sommersprossen. Er und seine Maria haben einem fremden alten Mann nagelneue Stiefel geschenkt. Aber er ahnt noch nichts von seinem Glück! Schade, dass ich gleich aussteigen muss, hätte gar zu gerne sein Gesicht gesehen, wenn er aufwacht und das Bild am Fenster sieht. Welches Bild, das erzähle ich dir später! Und das mit Weihnachten ist vielleicht gar keine so dumme Idee, wie ich bisher dachte. Nur so viel: Lass uns in diesem Jahr wieder einmal richtig feiern mit Weihnachtsbaum und allem Drum und Dran!" Die S-Bahn hielt, der junge Mann stieg eilig aus, ging den Bahnsteig entlang, und die Vorfreude auf Weihnachten, wirklich, die begleitete ihn auf Schritt und Tritt.

Angelika Wolff

Du bittest mich
ein Bild zu malen
dann fragst du
wo der Engel ist

Du bist sicher
da ist einer
der scheu sich
den ersten Blicken
entzieht.

Nun schau ich
genauer
auf alle Bilder

suche in
Häusern Straßen
Gräsern und Bäumen

wende Bücher und Blätter
summe die kleinen Lieder
und lausche dem Wind

sehe jedem Menschen
einmal mehr
ins Gesicht

Tina Willms

Nicht auf den Flügeln der Winde
schweben die Engel daher.
Sie gehen auf irdischen Füßen.
Und manchmal seufzen sie schwer.

Sie tragen gewöhnliche Namen
und Gesichter wie unsereins.
Von göttlichen Herrschaftszeichen
tragen sie sichtbar keins.

Willst einen Engel du sehen,
blick dir zur Seite nur:
Wo Menschen sich liebend verströmen,
triffst du der Engel Spur.

Vielleicht bist du selber einer,
durch den Gott zu den Menschen spricht,
und gehst deinen Weg zwischen ihnen
segnend und weißt es nicht.

Wilma Klevinghaus

Der Weihnachtsengel

Vielleicht
geht er durch
unsere Straßen
der Engel von Weihnachten
lächelt all unseren Sorgen
zärtlich ins Gesicht
flüstert leise
„Seht doch! ...“
und legt
über die ausgetretenen Stufen
des Dezembers
einen Teppich
ganz aus Licht

Isabella Schneider

Landung der Engel

Aufblitzen von etwas
Hellem
Nicht zu fassen

Eine Gewissheit
Huscht vorüber
Ein großer Moment
Schönheit

Hinter meinen Augen
Haben sie lächelnd
Innegehalten

Die Wunderbaren

Doris Bewernitz

Zur Künstlerin:
Elsbeth Messmer sieht sich selbst eigentlich gar nicht als Künstlerin. Doch sie spürt, dass ihre Objekte Menschen eine Freude bereiten, und das empfindet sie als Glück. Sie lebt in Sankt Gallen und betreibt dort seit vielen Jahren die Kunst- und Antiquitätengalerie „Töpferschiibe" am Gallusplatz, ein ganz besonderer Ort, an dem es sich träumen lässt und an dem man schöne Entdeckungen machen kann.

Zum Gestalter dieses Buches:
Das Dreiländereck am Rhein ist die Heimat von **Ulli Wunsch** und seiner Familie. Für seine berufliche Karriere haben ihn vor allem sein Designstudium in Basel und eine ganz persönliche Spiritualität geprägt. Seit vielen Jahren gibt er zahlreichen Büchern aus dem Verlag am Eschbach durch seine Kalligrafie und Gestaltung eine ganz besondere Prägung. Ein offenes Atelier und wechselnde Ausstellungen laden dazu ein, diesen vielfältigen und beseelten Künstler immer wieder neu kennenzulernen. **www.ulli-wunsch.de**